I0867763

RAZAS DE CABALLOS FAVORITOS

CABALLOS PURA SANGRE

por Cari Meister

AMICUS | AMICUS INK

Amicus High Interest y Amicus Ink están publicados por Amicus
P.O. Box 1329, Mankato, MN 56002
www.amicuspublishing.us

Información del catálogo de publicaciones de la biblioteca del congreso
Names: Meister, Cari, author.
Title: Caballos pura sangre / by Cari Meister.
Other titles: Thoroughbred horses. Spanish
Description: Mankato, Minnesota : Amicus/Amicus Ink, [2019] | Series: Razas de caballos favoritos | Audience: K to Grade 3. | Includes index.
Identifiers: LCCN 2018002369 | ISBN 9781681516172 (library binding)
Subjects: LCSH: Thoroughbred horse--Juvenile literature.
Classification: LCC SF293.T5 M4718 2019 | DDC 636.1/32--dc23
LC record available at https://lccn.loc.gov/2018002369

Créditos de imágenes: Dimitar Todorov/Alamy Stock Photo cubierta; Golubenko Svetlana/123RF 2, 24; Scott Serio/Eclipse Sportswire/Getty 5; RG Reeve/Getty 6; catnap72/Getty 8–9; Pal2iyawit/Shutterstock 10; Abramova_Kseniya/iStock 12; skif/iStock 14–15; otsphoto/Shutterstock 17; Chad Clarke/Alamy 18–19; vm/Getty 20–21; olgaIT/iStock 22

Editora: Wendy Dieker
Diseñador: Veronica Scott
Investigación fotográfica: Holly Young

Impreso en China

HC 10 9 8 7 6 5 4 3 2 1

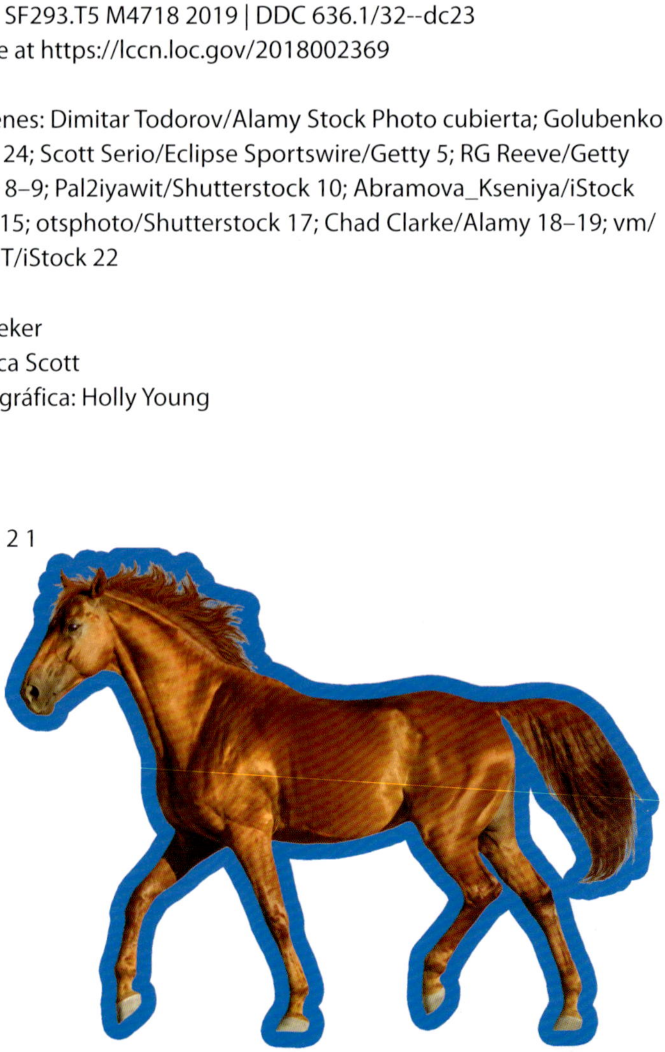

TABLA DE CONTENIDO

¡Es día de carreras! 4

Historia de realeza 7

Nacido para correr 8

Caballo deportivo 11

Un corredor fuerte 12

Colores sólidos 15

Potros vivaces 16

De sangre caliente 19

Un caballo elegante 20

¿Cómo sabes que es un caballo pura sangre? 22

Palabras que debes conocer 23

Índice 24

¡ES DÍA DE CARRERAS!

Es el día de las carreras. Los caballos están en la entrada. Pisotean. Resoplan. Suena una campana. ¡Arrancan! Corren. ¡Son muy veloces! Son pura sangre.

KEENELAND

6

HISTORIA DE REALEZA

La **raza** pura sangre se inició en Inglaterra a finales de siglo XVII y principios del siglo XVIII. El rey Jaime I y el rey Carlos I querían los caballos más veloces. Los dos ayudaron a crear estos veloces caballos de carrera.

NACIDO PARA CORRER

Un pura sangre tiene piernas largas. Tiene fuertes **cuartos traseros**. Eso lo hace poderoso y rápido. ¡Este caballo nació para correr!

¿Sabías?

¡Un pura sangre puede correr hasta 45 millas (72 km) por hora!

CABALLO DEPORTIVO

Los pura sangre son alertas y rápidos. Son buenos en muchos deportes ecuestres. Son buenos para jugar **polo**. Algunos son caballos de salto.

UN CORREDOR FUERTE

Los pura sangre tienen corazones grandes. Un corazón grande puede bombear sangre mejor a todo el cuerpo. Significa que el caballo puede correr por más tiempo y más rápido.

¿Sabías?

¡El corazón de un pura sangre llega a pesar 22 libras (10 kg)! La mayoría de los corazones de los caballos pesan 14 libras (6.3 kg).

COLORES SÓLIDOS

Estos caballos vienen en muchos colores. La mayoría son de color marrón oscuro o **bayo**. Un pura sangre blanco es raro. La mayoría de los pura sangre son de colores sólidos. Algunos tienen marcas blancas.

POTROS VIVACES

Un **potro** pura sangre se parece a sus padres. Tiene una cara flaca, una espalda corta y un cuerpo delgado. Estos potros son audaces y vivaces.

DE SANGRE CALIENTE

Los pura sangre son llamados de sangre caliente. Esto significa que pueden ser difíciles de manejar. Son caballos con mucho espíritu. Necesitan mucho entrenamiento. Un pura sangre no es el mejor caballo para un jinete principiante.

UN CABALLO ELEGANTE

Con el entrenamiento correcto, este caballo es fácil de montar. Es fuerte y capaz. Es elegante y atlético. Es divertido observarlo.

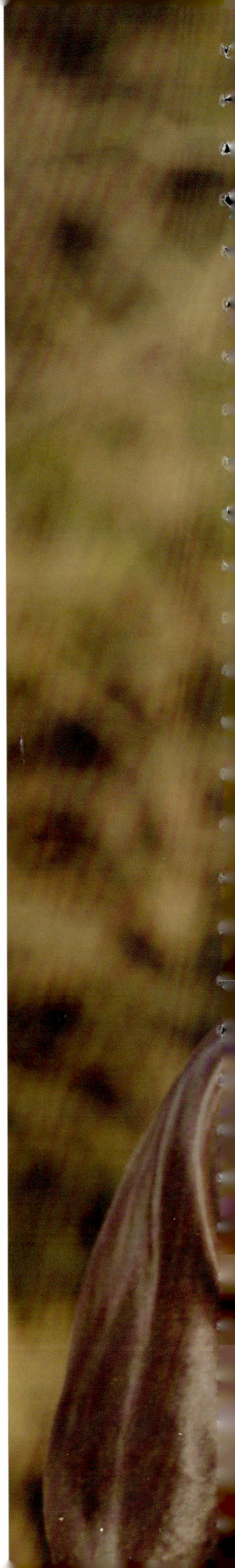

¿CÓMO SABES QUE ES UN CABALLO PURA SANGRE?

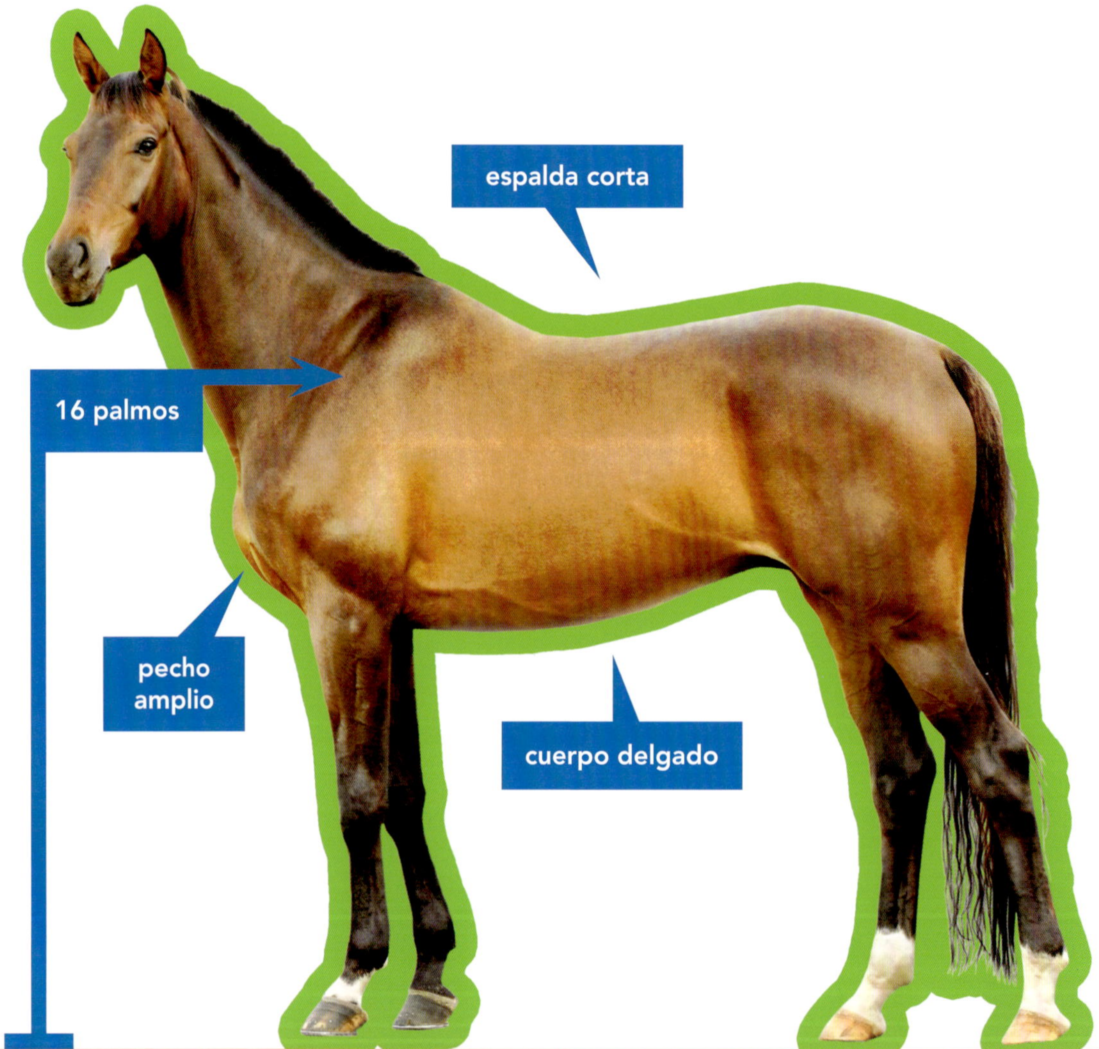

PALABRAS QUE DEBES CONOCER

bayo – un color de caballo que tiene una capa marrón-rojizo oscuro, con la crin y la cola negras.

cuartos traseros – las patas traseras y la grupa de un caballo.

polo – un juego como el hockey de césped pero montando caballo, donde los jinetes juegan en equipos para meter una pelota en una red.

potro – un caballo bebé.

raza – un tipo de caballo particular, que tiene ciertos rasgos y características y tiene ancestros de la misma raza.

ÍNDICE

caliente 19
características 8, 12, 16
carreras 4, 7
colores 15

entrenamiento 20

historia 7

montar 19, 20

polo 11
potros 16

sangre salto 11

tamaño 22